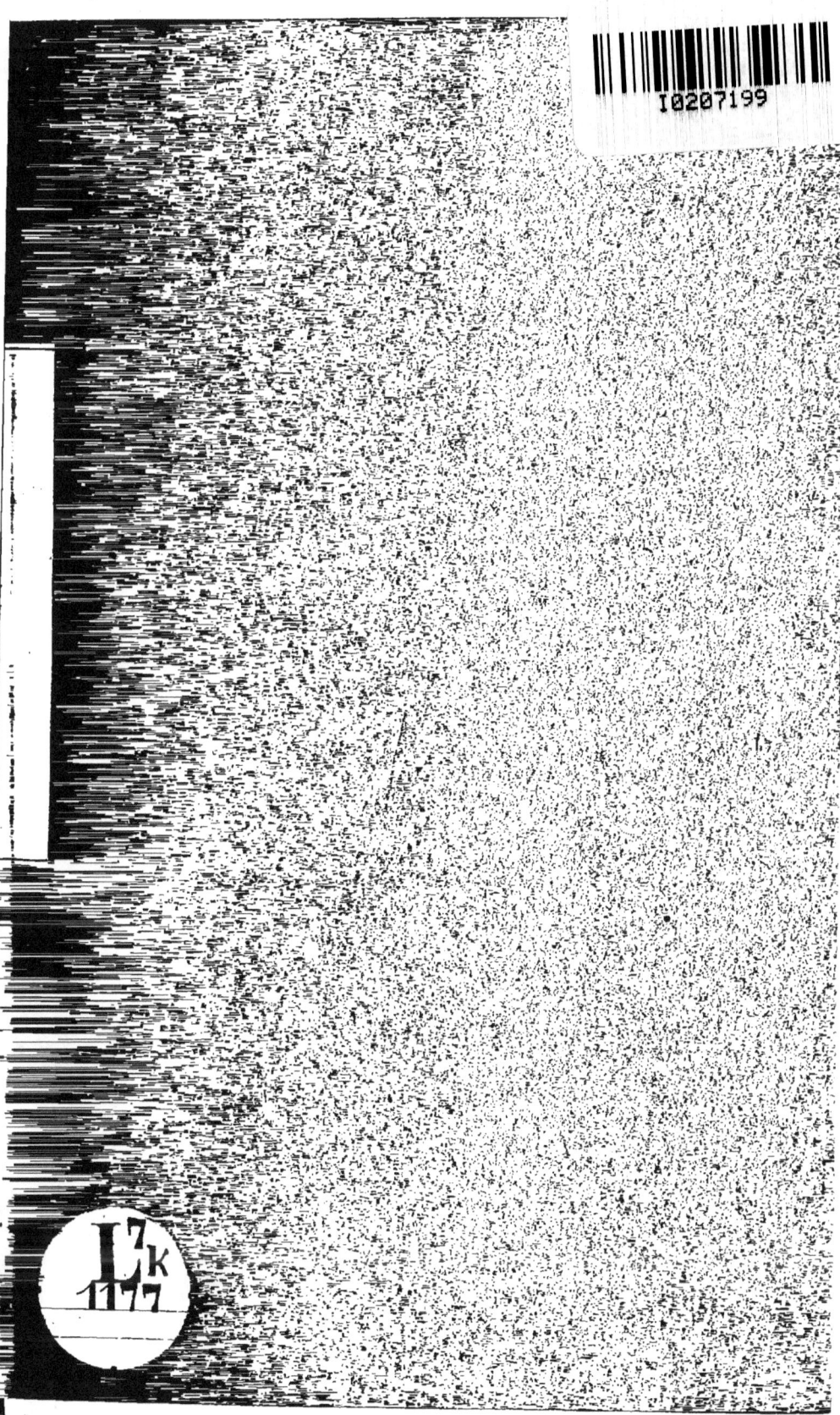

LK 1177.

DISCOURS

POUR

L'INAUGURATION DU MONUMENT
de S. E. le cardinal de Cheverus,

prononcé à Bordeaux, le 30 juillet 1849,

DANS L'ÉGLISE PRIMATIALE,

En présence de Monseigneur l'Archevêque de Bordeaux, Monseigneur l'Archevêque de Sardes : NN. SS. les Évêques de Périgueux, de Nevers, de Valence, d'Alger, d'Amiens et de Nantes ;

PAR M. HAMON,

Supérieur du Grand Séminaire de Bordeaux.

SE VEND

au profit des pauvres secourus par la Société de Saint-Vincent de Paul, de Bordeaux.
PRIX 1 FRANC.

A BORDEAUX, chez les principaux libraires ;

A PARIS, chez
{ Adrien Leclerc et Cⁱᵉ, rue Cassette, 29 ;
{ Sagnier et Bray, rue des Saints-Pères, 64 ;
{ Poussielgue Rusand, rue du Petit-Bourbon-Saint-Sulpice, 3.

1849

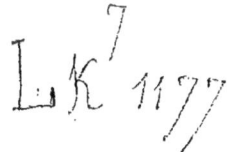

NOTE DE L'ÉDITEUR.

Le 19 juillet 1836, dès que Mgr de Cheverus eut rendu à Dieu sa belle âme, ses diocésains désolés conçurent la pensée unanime de lui élever dans la cathédrale un monument de leur vénération et de leur amour. Une souscription s'ouvrit, et bientôt on eut recueilli une somme considérable ; une commission s'organisa pour diriger l'entreprise, et tantôt par une raison, tantôt par une autre, la chose traîna en longueur jusqu'à ces derniers temps. Enfin Mgr l'Archevêque de Bordeaux, souffrant de ne point voir de fin à cette œuvre à laquelle il portait le plus vif intérêt, s'entendit avec M. le Préfet, dont le zèle pour tout ce qui est bien est connu de tous, ainsi qu'avec M. le Maire et plusieurs membres du Conseil général ; on activa les travaux, et il fut décidé que, le 30 juillet, aurait lieu l'inauguration du monument sans la statue qui doit le couronner et dont l'achèvement demande encore plusieurs mois. Le 30 juillet, en effet, la cérémonie eut lieu ; huit évêques étaient présents avec toutes les autorités civiles, militaires et judiciaires, un nombreux clergé et un grand concours de fidèles. Le cercueil qui contenait le corps du Cardinal fut tiré du caveau provisoire où on l'avait déposé, et transporté sur un catafalque au milieu de la nef ; une messe des morts fut chantée, et après l'évangile, M. Hamon, vicaire général et supérieur du Grand Séminaire, auteur de la vie du Cardinal, et qui, pour cet ouvrage, obtint, en 1841, au rapport de M. Villemain, le grand prix de l'Académie française, prononça le discours suivant.

Bordeaux. — HENRY FAYE, imprimeur, rue Sainte-Catherine, 139.

DISCOURS

pour l'inauguration

DU

MONUMENT DU CARDINAL DE CHEVERUS,

A BORDEAUX,

le 30 juillet 1849.

Hic est fratrum amator.
Voilà celui qui fut l'ami de ses frères.
(2 Mac., 15, 14.)

Messeigneurs,

A la vue de ce corps sorti de la région des ténèbres pour être placé dans un sépulcre glorieux, m'affligerai-je ou me réjouirai-je? ferai-je entendre des cris de douleur ou des chants de triomphe? D'un côté, quand je me représente dans ce cercueil ce cœur si bon qui ne battait que pour la charité, cette bouche d'où découlaient des paroles si suaves, ce visage si noble et si compatissant, ces mains qui ne s'étendaient que pour bénir et faire le bien, et que je me dis à moi-même que tout cela n'est plus aujourd'hui qu'une poussière froide et inanimée, comment pourrais-je ne pleurer pas? D'un autre côté, quand je vois la pompe de cette cérémonie, tous ces vénérables princes de l'église rangés autour de l'auguste primat d'Aquitaine, tous ces honorables magistrats, toute l'élite de cette grande cité, tout ce peuple qui se presse avec amour et respect autour de ces restes vénérés ; quand je considère la magnificence de ce monument où le génie de l'artiste a su animer le marbre et répandre autant de vie sur ses figures, que de goût et de grâce dans la disposition des ornements, et que je me dis à moi-même que l'éclat de cette solennité est tout à la fois le triomphe de la religion et celui du cardinal de Cheverus, comment pourrais-je ne me réjouir pas? Souffrez, Mes Frères, que, laissant là l'oraison funèbre où je ne pourrais que me répéter moi-même, je me renferme dans la circonstance présente, pour vous dire tout ce que l'érection de de ce monument offre de touchant pour le cœur, de glorieux pour la religion, d'instructif pour les peuples, et vous comprendrez les sentiments divers qui inondent mon âme en ce moment solennel, ou plutôt vous les partagerez vous-mêmes avec moi.

Tous les monuments élevés pour recevoir les cendres des morts ont ceci de touchant, qu'ils racontent à nos esprits abusés le néant de l'homme, la vanité des grandeurs, la folie des passions, et la sagesse du chrétien qui ne vit que pour le ciel. Tous ont, au moins pour quelques-uns, un intérêt plus touchant encore, c'est qu'ils font revivre au fond des cœurs le souvenir de cette rupture déchirante qui nous sépara de ce que nous aimions le plus au monde, de ce qui faisait pour nous le charme de la vie. De là, la religion des tombeaux, la douleur qui les visite et les larmes qui les arrosent. Mais, remarquez, M. F., combien les monuments des héros de la religion offrent un caractère plus touchant que ceux des hommes du monde.

Les monuments de ceux-ci n'inspirent qu'un intérêt privé, l'intérêt des parents ou des amis; et si quelques autres saluent par la pensée le souvenir d'un grand homme, leur cœur est froid et indifférent : les monuments des héros chrétiens, au contraire, inspirent un intérêt universel; à leur aspect tous se sentent émus, tous aiment et bénissent, parce que la vraie vertu a des charmes qui touchent tous les cœurs, pénètrent toutes les âmes, enlèvent toutes les sympathies. La mémoire des justes, dit l'Esprit Saint, est en bénédiction, et leurs os semblent refleurir dans leur sépulcre. *Sit memoria eorum in benedictione, et ossa eorum pullulent de loco suo* (Eccl. 46, 14); et qui pourrait voir sans intérêt et sans amour la tombe où repose un Vincent de Paul, un François de Sales, un Fénelon?

Devant le monument de l'homme du monde, j'admire la puissance de génie ou de raison qui lui a valu cet honneur, et là se borne toute ma pensée; mais devant le monument du héros chrétien, que de plus magnifiques idées viennent s'offrir à mon admiration! Là, j'admire cet esprit agrandi par la foi et placé si haut par ses divines leçons, qui, mesurant d'un regard tous les biens créés, les trouva trop petits pour une âme immortelle appelée aux jouissances meilleures de la vie future; j'admire ce cœur noble et généreux, tout dévoué à Dieu dont il procura la gloire, tout dévoué aux hommes dont il sécha les larmes, consola les douleurs, soulagea les misères. De là, ma pensée s'élevant au séjour des bienheureux, je contemple le héros chrétien au sein de la gloire, je m'enivre de son bonheur, je lui parle, je l'invoque comme un protecteur puissant et ami; et une émotion du ciel fait battre mon cœur.

Jugez de là, M. F., combien le monument que nous inaugurons en ce jour est fait pour intéresser et émouvoir toutes les âmes sensibles. Ce monument rappelle tout ce que la vertu a de doux et d'aimable, la bienveillance de délicat et de généreux; il rappelle cet homme apostolique qui, après avoir fait pour sa foi le sacrifice de sa patrie, sacrifia une position douce et aisée, conquise en Angleterre par son mérite, avec toutes les espérances d'un brillant avenir, pour porter au-delà des mers, à un peuple inconnu, un ministère qu'il savait devoir être pauvre, laborieux, contredit, longtemps stérile; qui, de là, au prix de mille privations et mille fatigues, alla évangéliser les nations sauvages pour revenir ensuite au chevet du pestiféré mourant s'exposer à la contagion avec un calme qui semblait ne pas soupçonner le danger, comme avec une modestie qui voyait à peine un sacrifice là où tout le monde admirait le plus beau dévouement ; il rappelle cette simplicité noble autant qu'aimable, qui fuyait l'éclat et les grandeurs, et ne les subit jamais qu'à regret ; il rappelle cet amour des hommes, quels que fussent leurs opinions, leurs écarts ou leurs erreurs, qui se révélait au dehors par tant de bonté et de bienveillance ; qui cherchait toujours à procurer à chacun le plus de bonheur possible ; qui, estimant le malheur une chose sacrée, *res sacra miser*, tenait pour délicieuses toutes les privations personnelles, dès qu'elles pouvaient diminuer les privations de ses frères ; il rappelle enfin cette vertu parfaite qui l'a rendu si humble dans les grandeurs, si doux dans le commandement, si réglé dans sa vie, si désintéressé dans l'usage des richesses, si mort à lui-même dans toute sa conduite, plus grand encore dans sa vie intime et privée que dans sa vie publique, plus généreux dans ses aumônes secrètes que dans ses bonnes œuvres connues, et qui l'a fait en l'un et l'autre hémisphère la providence du pauvre, l'appui de l'orphelin, le père, l'ami, le serviteur de tous, le modèle du clergé. Or, M. F., à tous ces doux et ravissants souvenirs, quel cœur ne serait touché et attendri ? Bien des années, il est vrai, nous ont déjà séparés de ce spectacle de religion et de vertu que Bordeaux contempla près de dix ans avec respect et amour ; mais le cardinal de Cheverus était un de ces hommes qu'il suffit d'avoir connus et aimés une fois pour les aimer toujours. Je n'ai jamais perdu un ami autrement que par la mort, m'a-t-il dit souvent. O bien-aimé Cardinal ! vous n'en perdrez pas plus maintenant que pendant votre précieuse vie ; en vous s'accomplira l'oracle de l'Esprit Saint, la mémoire du juste lui survivra à jamais, toujours chère, toujours douce et vénérée : *In memoriâ æternâ erit justus*. Treize années après que vous nous avez quittés, on vous aime, je ne dirai pas autant, mais plus que le premier jour. Le temps, qui use tout, ne vous a rien ôté de l'estime et de l'affection des peuples, il n'a fait qu'accroître l'une et l'autre ; et l'avenir, écho fidèle du passé, reportera aux générations futures ces mêmes sentiments toujours plus vifs et plus tendres.

Fallût-il, du reste, un auxiliaire à la mémoire du cœur, ce monument se charge d'en faire l'office : et qu'il est bien adapté à cette mission touchante! Voyez ces anges disposés avec tant d'art, chacun à la place qui lui convient : comme l'innocence et la pureté du ciel qui reluisent dans tous leurs traits vous parlent au cœur! comme la fonction de chacun est pleine d'intérêt! l'un tient la houlette du bon pasteur, à l'ombre de laquelle Bordeaux reposa calme et tranquille, alors que tant d'autres diocèses de France étaient dans le trouble; l'autre porte la croix que le cardinal savait si bien présenter aux cœurs affligés pour les consoler; deux autres, les insignes des princes de l'Eglise à la main, nous font souvenir que, sur soixante-treize Pontifes de cette antique métropole qui avait déjà donné un pape à l'église, Mgr de Cheverus est un des sept qui ont fait reluire sur ce grand siége l'éclat de la pourpre romaine; deux autres enfin, plus en évidence près des gracieuses armoiries, semblent nous dire qu'ils veillent à la garde de ces cendres vénérables en attendant le jour où elles se ranimeront pour passer sur une nouvelle terre et sous de nouveaux cieux : quoi de plus propre à intéresser nos souvenirs et nos cœurs? Et que sera-ce donc, M. F., quand, le ciseau ayant achevé son œuvre, vous verrez au sommet l'illustre cardinal sortant du tombeau, la main appuyée sur l'Evangile, qui fut la règle de sa conduite comme le titre de ses immortelles espérances, et de là, prenant son essor vers les cieux, seuls capables de récompenser tant de vertus! Heureuse idée du savant artiste! Ah! c'était bien de cette sorte qu'il fallait représenter notre Pontife, et la pensée chrétienne a été ici magnifiquement saisie. Au pied du monument propre à faire verser tant de larmes, il fallait montrer au cœur, pour le consoler, le Pontife chéri passant de cette vie à une vie meilleure, du tombeau à la gloire, de cette région de ténèbres à l'éternelle félicité.

Tout ici, M. F., vous le voyez, est fait pour toucher et attendrir; toutefois il est un spectacle plus attendrissant encore, c'est vous-mêmes, habitants de cette grande cité et des pays circonvoisins, qui êtes accourus avec tant de bonheur à cette cérémonie : et quel cœur ne serait touché en contemplant cette réunion de famille autour des restes d'un père chéri? Depuis longtemps, je le sais, vous gémissiez de n'avoir à offrir à l'étranger qui vous visitait, ou à la génération nouvelle qui s'élevait, aucun monument de votre reconnaissance et de votre vénération. Mayenne, la ville natale, vous avait devancés, et, fière de son monument, elle semblait vous accuser de lenteur ; mais votre empressement en cette journée autour d'un monument digne de vous, digne du cardinal de Cheverus, vous justifie du passé et témoigne de votre bon cœur. Peuple de Bordeaux, soyez-en béni : la reconnaissance pour les bienfaits reçus, l'affection pour celui qui nous a saintement aimés, sont des sentiments si beaux, si célestes! Il vous est glorieux d'en donner au ciel et à la terre ce magnifique témoignage.

Et vous, vénérables Prélats qui relevez si haut la pompe de cette cérémonie, combien vous ajoutez encore à ce qu'elle offre de touchant! La réunion des princes de l'Eglise a toujours pour l'âme chrétienne quelque chose d'émouvant qui va au cœur; mais, pour des enfants qui voient et se disent que tant d'honneur est un hommage rendu à leur père bien-aimé, ô combien votre présence ici rend plus saisissante d'intérêt cette fête de famille! Hier, ouvrant vos rangs sacrés à deux nouveaux collègues dignes de vous, vous rendiez fière notre antique Eglise de France, toujours si belle et si forte par ses pontifes; aujourd'hui, faisant ressortir par la pompe de cette solennité le mérite éminent d'un de ses plus grands évêques, vous consolez ses douleurs, vous rehaussez sa gloire, et vous touchez au cœur tous les amis du cardinal de Cheverus. Le ciel et la terre vous en savent gré, augustes Pontifes; et l'honneur premier en revient à vous, Monseigneur, qui avez convoqué pour cette grande cérémonie ces illustres collègues. En honorant ainsi votre glorieux prédécesseur, vous vous honorez vous-même, vous acquérez un nouveau titre à l'affection comme à l'estime de votre peuple, et vous couronnez dignement les efforts de votre zèle pour l'achèvement de ce mausolée. Après être venu en aide à la commission dont les opérations, malgré le plus haut dévouement à la mémoire du cardinal, n'obtenaient que de lents résultats; après avoir mis tout en œuvre pour faire cesser des retards qui vous affligeaient, et provoqué le concours des premiers magistrats du département et de la cité qu'on trouve toujours disposés à ce qui est bien, rien de possible ne vous restait plus à faire qu'à rendre brillant et illustre le jour qu'appelaient tant de vœux : vous l'avez fait, Monseigneur, et nos cœurs reconnaissants aiment à proclamer leur profonde gratitude. Je dois le dire cependant, cette cérémonie méritait tout cet intérêt, car il y a ici plus que la glorification d'un homme, c'est la glorification de la religion même.

Oui, M. F., honorer le cardinal de Cheverus c'est honorer la religion même ; car c'est célébrer une de ses plus pures gloires, c'est faire une de ses plus triomphantes apologies, c'est proclamer la vertu divine qui vit en elle pour élever l'homme au-dessus de lui-même. Croyez-en nos frères séparés, leur témoignage ne saurait être suspect. Lorsque M. de Cheverus arriva à Boston, tous les esprits étaient imbus des plus odieux préjugés contre la religion catholique, on ne pouvait croire à la vertu de ses prêtres, et on la tenait elle-même pour un assemblage de grossières erreurs. M. de Cheverus se montre avec toute la candeur et la noble franchise de sa vertu, et bientôt la religion sort du nuage où l'erreur l'avait enveloppée; elle apparaît comme un beau soleil aux regards étonnés de ses ennemis; les bouches qui, auparavant la blasphémaient, proclament son excellence, et un ministre protestant, le docteur Chaning écrit dans une feuille publique ces remarquables paroles : « La métropole de la nou-
» velle Angleterre a vu l'exemple sublime des vertus chrétien-
» nes dans un évêque catholique. Qui de nos docteurs religieux
» oserait se comparer au dévoué Cheverus? Cet homme, bon par
» essence, a vécu au milieu de nous, consacrant les jours, les
» nuits et son cœur tout entier au service d'une population pau-
» vre et grossière, évitant la société des grands et des riches pour
» se rendre l'ami de l'ignorant et du faible, abandonnant pour les

» plus humbles chaumières les cercles les plus brillants qu'il
» aurait ornés par son esprit, supportant avec la tendresse d'un
» père les fardeaux et les chagrins de ceux qui étaient confiés à
» ses soins apostoliques, sans jamais donner le moindre indice
» qu'il estimât au-dessous de lui ces humbles fonctions, bravant
» enfin, pour exercer sa bienfaisance, le soleil le plus brûlant
» et les tempêtes les plus violentes, comme si son ardente cha-
» rité l'eût défendu contre la rigueur des éléments. Aussi, *con-*
» *tinue le docteur Chaning*, il jouit parmi nous de quelque chose
» de plus précieux que la renommée ; son nom est chéri partout
» où celui des grands est inconnu ; il est prononcé avec béné-
» diction et des larmes de reconnaissance dans les asiles du
» malheur. » Et de là, M. F , le ministre protestant tire cette
conséquence que je vous prie de remarquer : « Comment après
» cela, *dit-il,* pourrions-nous fermer nos cœurs à l'évidence du
» pouvoir qu'a la religion catholique de former des hommes ver-
» tueux et éminents en mérite? Il est temps que plus grande
» justice soit rendue à cette société ancienne et si largement
» étendue. L'église catholique a produit les plus grands hommes
» qui aient jamais existé, et c'est une garantie suffisante qu'elle
» renferme tous les éléments d'une éternelle félicité ».

Tel est, M. F., le magnifique hommage que la vie de Mgr de Cheverus forçait, il y a vingt-six ans, une bouche ennemie à rendre à la religion catholique ; tant cet illustre pontife reflétait, sur cette religion sainte, de grandeur, de gloire et d'éclat divin. Aussi, M. F., en face de ce monument, la religion catholique me semble resplendir d'une gloire toute nouvelle ; je la trouve plus belle, plus aimable, plus puissante, plus manifestement divine ; et dans le transport de mon admiration, dans l'enthousiasme de mon amour, je me sens pressé de m'écrier : Elle est donc toujours la même, notre auguste religion, toujours féconde malgré dix-huit siècles de vieillesse, toujours prête à démontrer à l'univers sa céleste origine par les héros qu'enfante en son sein la grâce du Sauveur Jésus qui est avec elle tous les jours jusqu'à la consommation des siècles. De la même main dont elle forma autrefois les Vincent de Paul et les François de Sales, elle a formé de nos jours les d'Aviau et les Cheverus ; par les sublimes inspirations de sa foi, elle a élevé la faiblesse humaine à ce dévouement de tous les instants, qui a forcé le respect et l'amour des deux mondes, et rendu notre cardinal plus grand encore par sa vertu que par la pourpre qui le décorait.

Oui, Religion sainte, les vertus que nous honorons en ce jour sont ton ouvrage : toi seule as fait, toi seule as pu faire un homme aussi bon, un cœur aussi noble, une âme aussi généreuse. A toi donc tout l'honneur de cette journée, à toi le mérite premier de ce que nous admirons. Cette cérémonie est ton triomphe, la gloire du cardinal de Cheverus est la tienne ; et comme dans le royaume éternel, Dieu, en couronnant les mérites de ses saints, couronne l'œuvre de sa grâce, nous aussi, en couronronnant le héros que tu as formé, nous te couronnons toi-même. Il me semble la voir, M. F., cette noble fille du ciel, descendre en ce jour des splendeurs des saints et applaudir à cette solennité : elle tressaille comme la mère qui voit couronner son enfant, elle jouit comme l'artiste dont l'ouvrage savamment travaillé obtient une prime d'honneur. Unissons nos joies à ses joies, il faudrait ne l'aimer pas pour ne pas se réjouir de ce qui l'honore ; et entourons de notre amour le monument qui lui est cher. Il demeurera parmi nous, ce monument, comme un témoignage de l'excellence et de la beauté de la religion chrétienne qui élève ainsi l'homme au-dessus de lui-même, qui l'agrandit, qui le perfectionne, qui le rend si bon, si aimable, si généreux ; il demeurera comme une protestation publique et solennelle contre les détracteurs du catholicisme, comme la réfutation des sophismes par lesquels ils l'attaquent, et une haute manifestation de sa vérité à la face des cieux et de la terre : car l'erreur ne peut produire une vertu si pure ; d'une source empoisonnée ne peuvent sortir des eaux si limpides : *Tumulus iste et lapis sint in testimonium.* Gen., 35, 52.

Ce n'est pas, M. F., que je veuille dire qu'il ne peut y avoir de belles actions, d'actes de vertu en dehors de la religion catholique. Loin d'insinuer une pareille prétention, j'ai du bonheur à proclamer le contraire, à la louange de nos frères séparés : oui, partout il se rencontre des natures généreuses, des caractères honorables; et notre ville de Bordeaux en a offert, à toutes les époques, d'illustres et nombreux exemples; mais, M. F., autre chose sont quelques actes de bienfaisance, autre chose est une vie entière de privations, de dévouement et de sacrifices. Pour se prêter à de bonnes œuvres isolées, il suffit d'avoir reçu en partage une âme sensible; mais, pour immoler toute son existence au bien des autres, il faut une énergie persévérante et surhumaine, laquelle ne peut naître que d'une profonde conviction religieuse qui assure à l'âme un plein dédommagement dans une vie meilleure; et ces convictions fortes, je ne parle pas de celles qui, issues des préjugés de l'éducation, sont peu dignes d'un esprit élevé, ces convictions fortes, fruit de l'examen impartial d'une raison supérieure, ne sont possibles que dans la religion qui depuis dix-huit cents ans n'a pas changé un mot à son symbole, dont la foi toujours la même, abritée sous l'égide de l'autorité, est essentiellement inaccessible à toutes les fluctuations de l'esprit humain ; hors de là, il y a variation, il y a doute pour tout homme qui réfléchit : et, sur un doute, on ne sacrifie pas toute une existence : je ne dis pas assez; hors de là, il y a erreur patente, puisque toute société qui change son symbole se convainc par là même de n'être pas dépositaire de la vérité qui ne change point : *Veritas Domini manet in æternum*. M. F., je ne veux ici insulter à aucune religion ; je plains et j'aime plus encore ceux qui se trompent; mais interrogeons les faits : ils parlent plus haut que tous les raisonnements. Voyez l'Eglise d'Angleterre : longtemps elle brilla du même éclat que notre Église : toutes les deux s'avançaient, comme deux sœurs, sur les rives opposées de l'Océan, belles l'une et l'autre de dévouement et de sacrifices. Mais depuis le jour où cette Église infortunée a déserté le centre de la communion catholique, qu'avons-nous vu? O révolution non moins lamentable pour l'humanité que pour la religion! On l'a vu, ce clergé si magnifique de dévouement dans les siècles de sa gloire, ce clergé qui avait bâti Westminster, Oxford et ses trois cents collèges, créé des écoles publiques dans ses académies, fondé des pensions gratuites dans ses universités, nourri et vêtu pendant des siècles tous les pauvres, servi d'appui à la veuve et à l'orphelin ; on l'a vu, le jour qu'il a cessé d'être catholique, fermer son âme au dévouement, sa main à toutes les bonnes œuvres, et son cœur à tous les sentiments généreux ; on l'a vu avec deux cent millions de revenus, c'est-à-dire avec plus de richesses à lui seul que le clergé de toutes les nations de la terre ensemble, laisser l'Angleterre et l'Irlande se débattre dans les étreintes d'une des plus effroyables misères qu'ait jamais éclairées le soleil, sans qu'il songe seulement à venir en aide à tant d'infortunes. En passant, découronné du lis des vierges, dans les chaînes du mariage, il n'a plus gardé d'entrailles que pour la famille ; à la famille seule, toutes ses richesses ; à la famille seule, toutes ses sollicitudes pour en accroître sans mesure le bien-être et l'opulence. O Église d'Angleterre, jadis si belle, qu'est devenue ton antique gloire? Je pleure sur toi, ô branche arrachée du tronc, ô ruisseau séparé de la source, ô rayon divisé d'avec le foyer! mais que dis-je? Ah! des jours meilleurs t'attendent; déjà je vois poindre l'aurore de ton retour, et je salue avec transport ta renaissance. Puissent mes yeux voir ce bel astre arriver à son midi, et le sacerdoce d'Angleterre, saintement émule du nôtre, recouvrer, en rentrant dans l'unité catholique, son ancienne beauté ! le dévouement apostolique est à ce prix, et voilà pourquoi j'appelle le monument du cardinal de Cheverus un trophée élevé à la gloire de la religion catholique : *Tumulus iste et lapis sint in testimonium.* Trophée qui a dignement sa place dans ce saint lieu : car l'église n'est-elle pas la place naturelle des gloires de la religion? n'est-ce pas ici d'ailleurs que les peuples doivent venir puiser l'instruction religieuse et morale? Or, ce monument est à lui seul la plus éloquente des instructions; c'est une leçon permanente de vertu placée au milieu de ce temple, leçon également intelligible à tous, et à l'étranger qui passe, et au citoyen qui demeure, et à l'ignorant qui ne sait pas lire, et au savant qui veut réfléchir.

Du fond de son tombeau, et plus tard il le fera plus éloquemment encore du sommet de ce monument comme du haut d'une chaire nouvelle, du fond de son tombeau, le cardinal de Cheverus nous prêche, tout mort qu'il est : *Defunctus adhuc loquitur*. De là, il parle à toutes les classes de la société : prêtres, il nous enseigne ce zèle intrépide qu'aucune difficulté n'arrête, cette douceur qui, sans rien relâcher de la règle, est toujours honnête dans les formes, pleine de grâce dans les procédés; cet oubli de soi, ce dévouement au bien de ses semblables, qui fait l'homme apostolique. Magistrats et vous tous qui commandez aux autres, à quelque titre que ce soit, il vous enseigne à rendre l'obéissance douce et aimable, par la manière de l'exiger, et à alléger aux inférieurs la peine de leur condition, par un sage tempérament de bonté et de condescendance. Chrétiens de toutes les classes, il vous redit sa parole chérie : *Aimez-vous les uns les autres, plus de querelles ni de froideurs entre vous*, et cette autre parole qui allait si bien sur ses lèvres, que *la vraie vertu fait le bonheur de tout ce qui l'entoure, qu'elle souffre de tout le monde sans rien faire souffrir à personne, et n'a jamais à la bouche que des paroles de douceur et de grâce, dans le cœur que des sentiments de charité et de support*. Hommes avides de plaisirs, de richesses et d'honneurs, vous apprendrez de ce prince de l'Église si humble, si mortifié, si détaché, qu'une âme immortelle doit porter ses vues plus loin qu'aux choses qui périssent, que la vie présente n'est qu'un passage à l'éternité, et qu'arrivés au terme nous subirons un jugement sévère dont la conséquence sera un bonheur ou un malheur éternel. Et vous qui n'estimez pas le salut une affaire, et regardez peut-être en pitié l'humble fidèle qui s'en préoccuppe, vous apprendrez d'un pontife si grand par sa foi, que l'homme n'est jamais plus grand, plus estimable, plus honorable que quand il professe hautement une religion qui a été crue et pratiquée par les plus beaux génies dont s'honore la nature humaine ; et peut-être vous vous surprendrez vous disant dans le secret de la conscience : Oh ! que je serais déraisonnable, si je ne croyais pas une religion qu'a crue si fortement un esprit aussi éclairé, un cœur aussi pur, une âme aussi droite que le cardinal de Cheverus, plus déraisonnable encore si, la croyant, je ne l'aimais pas, ou si, par une lâcheté et une inconséquence flétrissantes l'une et l'autre pour la dignité humaine, j'en négligeais la pratique.

M. F., puissent ces leçons être comprises! Si le cardinal de Cheverus, qui ne connut d'autre ambition et d'autres jouissances que d'être utile aux hommes, peut encore être utile après sa mort, il me semble qu'il en tressaillira jusque dans sa cendre. Puissent les âges les plus reculés entendre aussi ce langage, et fasse le ciel que, dans les siècles à venir, les pères disent à leurs enfants, curieux d'apprendre quel est ce monument, *quæ est ista religio* : Dans la première moitié du dix-neuvième siècle, vécut un apôtre de la charité, dont l'un et l'autre hémisphère admirèrent les vertus, dont les rois qui régnaient sur la France, honorèrent le mérite, et dont le chef de l'Église récompensa par la pourpre les glorieux travaux : il n'eut d'autre passion que le bonheur de ses semblables, et ne vécut que pour faire des heureux ou sécher des larmes. Cet homme dont vous voyez ici l'image, ô mon fils, s'appelait le cardinal de Cheverus ; soyez bon et bienfaisant comme lui.

Telles sont, M. F., les grandes et utiles leçons que ce monument est appelé à vous donner. Venez souvent les entendre, et chaque fois vous vous retirerez meilleurs. Que toutes les opinions viennent ici confondre leurs méditations et leurs hommages ; la charité, qui domine la mobilité des choses humaines, a droit d'adresser des leçons à tous les partis, et tous les partis doivent tenir à honneur d'y être dociles. Qu'après la génération présente, les générations futures viennent à leur tour admirer et s'instruire ; et si quelque jour le temps, qui mine tous les travaux des hommes, venait à renverser celui-ci, ô nom de Cheverus, ta mémoire en prendra la place pour l'instruction de nos derniers neveux : car tu ne crouleras point avec le marbre et la pierre, tu ne périras point, ô nom béni, tu es immortel. Tu vivras dans les archives de la religion, comme un titre de gloire à montrer à ses amis et à ses ennemis; tu vivras dans l'histoire de la vertu dont tu feras un touchant et magnifique chapitre; tu vivras dans tous les souvenirs comme un parfum de douceur et de grâce, dont la bonne odeur embaumera l'Église de Dieu, et y attirera les âmes les plus prévenues qui auront le bonheur de te connaître. Il est vrai, il ne reste plus d'héritiers pour te transmettre de génération en génération : reste seulement l'héritage des vertus qui semblent être dans le sang de cette noble famille, et qui sont si dignement représentées, pour le bien de l'Église, sur un siége voisin [1]; mais, ô nom vénérable, tu te suffis à toi-même pour traverser les siècles; et après que tu auras été sur la terre l'attrait et l'ornement de la vertu, nous te célébrerons dans la gloire éternelle en la compagnie de Dieu et de ses saints, où nous conduise le Père, le Fils et le Saint-Esprit.

[1] Mgr George, évêque de Périgueux, est le neveu du cardinal de Cheverus.

www.ingramcontent.com/pod-product-compliance
Lightning Source LLC
Chambersburg PA
CBHW070452080426
42451CB00025B/2713